하나님 나라 백성으로 살아가는 땅

# 크리스탄

윤영수 지음

# 크리스탄

초판 발행  2026년 1월 25일

지은이  윤영수
펴낸이  류한경

펴낸곳  한스북스
등록  제301-2011-205호(2011. 11. 15)
주소  서울시 중구 퇴계로32길 24 예장빌딩 301호
전화  02-32-73-1247

ⓒ윤영수 2026
ISBN 979-11-87317-20-3 (03230)

# 하나님 선교 이야기

하나님나라 백성의 정체성을 지켜가며 중앙아시아에서 30여년을 선교사로 살아온 저자의 하나님 선교 이야기가 글과 사진을 통해 곳곳에서 묻어나고 있습니다.

눈에 보이는 것 없어도 하나님의 약속을 믿고 신뢰하며 걸어온 선교사님의 지난 삶이 사진 한 컷 한 컷을 통해 하나님의 은혜로 보여지고 느껴집니다.

특히 섬세하면서도 세심하게 찍혀진 사진 작품 한 컷 한 컷마다 하나님의 시선이 느껴져서 정말 큰 감동으로 다가옵니다.

하나님께서 저자의 있는 모습 그대로를 주의 도구로 사용하기 원함을 깨닫고, 자신의 삶을 온전히 드려 중앙아시아에서 빛으로 사랑으로 섬겨온 삶은 이 시대의 바나바의 삶처럼 느껴집니다.

주님의 긍휼과 사랑을 가슴에 품고 하나님의 선교 이야기를 오늘도 자신의 삶으로 써내려가고 있는 윤선교사님의 삶이 에세이와 사진으로 드러나고 있음이 뭉클한 주의 은혜입니다.

윤선교사님의 선교사진 에세이집이 많은 사람들에게 읽혀져, 하나님의 선교가 더 빛을 발하기를 기대하고 응원합니다.

주님의교회 담임목사 김화수

# 하나님 나라 백성으로 살아가는 땅(스탄)에서

그분 없이 살아온 20년.

새 생명으로 거듭난 기쁨과 감격이 나를 움직이게 했다.

또 다른 나를 찾아 떠난 걸음에서 밟은 '스탄'.

어느덧 31년이 흘렀다. 고국에서 살았던 시간보다 이곳 '스탄'에서 살아온 삶이 더 길어졌다. 예전에 즐겨 먹었던 한국 음식 중에는 이제는 몸에 맞지 않아 탈이 나기도 하고, 친구들과는 대부분 연락이 끊긴 지 오래다.

처음 스탄에 가서 경험했던 일들이 슬라이드처럼 흘러간다. 부모님께 안부 전화를 드리기 위해 전화국에 갔다. 서툰 현지어로, 한국으로 전화 연결을 부탁하며 전화번호를 내밀었다. 교환원이 뭐라고 하는데 3분 안에 끝내라는 말로 알아들었다.

교환원이 강한 어투로 "알료? 알료? 알료(여보세요?) 가바리, 가바리(말해)" 이러다 보면 벌써 1분이 흘러간다. 시간이 야속했다. 그냥 어머니 목소리 들은 것으로 만족해야 했다. 나중에 알고 보니 시간제한 같은 것은 없었다. 3분으로 제한된 것이 아니고, 사용한 만큼만 돈을 내면 되는 것이었다.

이제는 현지 음식이 정겹다. 겨울이면, 매캐한 공기가 내가 살아있다는 것을 실감하게 해준다.

당나귀와 벤츠가 나란히 가는 풍경도 자연스럽게 느껴진다. 전혀 이상한 게 아니다.

처음 이곳에 왔을 때는 휴대전화도 없었다. 그 아날로그 시대에 남아 있는 것은 어렴풋한 기억과 추억, 함께 지낸 지체들이 전부이다.

세상은 참 많이 변했다. 누구나 손에 무엇인가를 남기고 대화할 수 있는 수단들을 지니고 다닌다. 그래서 조금이라도 마음이 동하면 자연스럽게 추억을 담아서 남긴다. 맛있는 음식 앞에서도 아름다운 풍경 앞에서도 추억을 남기기 위해서 분주해진다. 그리고 절대 혼자만 간직하지 않는다. 소셜미디어에 올리며 나눈다.

나도 그렇게 하고 싶다. 지금까지 인도하시고 보호해 주신 주님을 알리고 싶다. 사진으로 기록해 온 스탄의 삶의 향기와 내가 밟았던 여러 스탄의 추억을 함께 나누고 싶다.

그분의 사랑을, 그분이 하신 일을 자랑하고 싶다.

여기까지 인도하신 주님을 인정하고 새롭게 다짐하는 시간을 만들고 싶다.

하나님의 시선으로 바라보는 이곳 '스탄'에도 창조주께서 만드신 아름다운 자연과 조화를 이루며 살아가는 사람들이 있다.

언제부터인가 하고 싶은 일이 생겼다.

내가 살아가고 있는 이 '스탄'과 사람들을 더 많은 사람들에게 소개하고 알리고 자랑하고 싶어졌다.

그분은 나에게 몇 가지 재주를 주셨다. 그중 하나가 창조주 하나님께서 만드신 빛을 통하여 사진으로 그림을 그리게 하셨다. 카메라로 빛을 담아내는 일이다.

보물창고인 하드 디스크 안에서 한 걸음씩 그때의 시간으로 여행을 떠난다.

그리고 그때의 추억과 기억들, 내게 다가왔던 생각들과 그분의 은혜를 되새겨 본다.

세월이 흘러 30여 년이 지나서야 마음을 정하고 사진을 정리하며 각각의 사진에 짧은 글을 입히기 시작했다. 하나님 나라 선교의 의미를 찾아보면서, 크리스천의 삶으로, 아마추어 사진작가로 하나님 나라 선교 이야기를 만들어본다.

선교사의 사명 중 하나는, 현장을 소개하는 것이라 생각한다. 그래서 또 다른 헌신자들이 그 땅을 품고 기도하며, 이곳 '스탄'을 향하여 나아가는 일에 도전을 주고 돕는 것이라고 생각한다.

이 선교 사진 에세이집이 그런 일에 조금이나마 도움이 되면 좋겠다.

하나님의 은혜에 감사는 말로만 하는 것이 아니라 행동으로 옮기는 것이다. 하나님과 동행하는 삶 속에 잔잔하게 임하는 은혜가 이 선교 사진 에세이를 통해 잘 전해지길 바란다.

스탄에서 동반자를 만나 22년 삶의 여정을 동행하며 옆에서 지지해준 아내 김미숙에게 감사하며, 스탄에서 태어나 이젠 고국으로 돌아와 각자의 삶을 개척해 나가는 두 아들 지세언에게도 함께해줘서 감사한다.

지금까지 인도하신 하나님 아버지께 감사와 찬양, 영광을 올려드린다.

스탄을 사랑하는 윤영수

# 목 차

우리가
가야 할 길

모이기에 힘썼다면

이제는 온 열방을 향하여 나아갑니다.

그리고

기쁨의 단비를 온 지면에 뿌립니다.

비록 눈에 보이는 게 없어도

주님의 약속 믿고 나아갑니다.

그분 없는

20년의 세월을 뒤로하고

끝없이 보이는 수많은 장애물 앞에

당당하게 맞섭니다.


우리의 선택이

결코 잘못된 것이 아니라는 것을 압니다.


그래서

우리는 이 길을

감사와 찬양으로 걸어갑니다.

내 모습이 세상 눈에는
약해 보일지라도,
그 분의 인도 하심을 믿고
보혈의 보호 아래
이 길을 묵묵히 걸으며,
담대히 나아갑니다.

나에게 맞는 일을
찾았습니다.

생각지도 못한 그 일에
나를 사용하십니다.

어울리지 않아 보이지만
나는 그 길을 가고 있습니다.

훼손된 세상을
긍휼히 여기는 마음으로

가장 낮은 곳에서

본래의 모습을
기대하며

어설프지만
최선을 다합니다.

우리의 나아가는 길에
인도자 되시는 그분을
언제나 믿고 의지합니다.

시험이 닥쳐 올 때도
피할 길을 예비하시는
주님을 의지하며 나아갑니다

영광스러운 빛 속에서
사명을 위해 나아갑니다.

영적인 파장이
세상에 변화를 일으킵니다.

하나님의 빛과 능력 안에서
살아갑니다.

혼자라고 느낄 때
혼자가 아니라는 것을
기억하며 살아갑니다!

불편한 건
중요하지 않습니다.

함께 한다는 것에는
분명히 불편함도 있습니다.

우리가 가야 할 목적지를 향하여
그 불편함을 이기고 나아간다면

기쁨이 두 배가 됩니다.

크리스탄

우리를 바라보는
날카로운 시선을
극복하기 위해서는


많은 우여곡절 끝에
벼가 익어
고개를 숙임과 같이 될 때에야
열매를 맺을 수 있습니다.

우리 앞에 놓인 길이
항상 아름다운 꽃길만 있는 것은
아니라는 것을 잘 압니다.

그래도 가끔은
그 길만 지속되길 기대하며 나아가는 것이
우리의 솔직한 마음입니다.

거듭 약속

새끼손가락 걸고,
도장 찍고,
스캔하며
우리는 약속합니다.
그러나
그분의 약속은
확실하며 변하지 않습니다.

우리가 밟는 모든 땅이

크리스탄*입니다.

크리스탄Christan은 크리스천Christian + 스탄stān '-의 땅'을 의미하는 접미사의 합성어

크리스탄

소개합니다.

‘스탄’에서 살고 있는

‘살라맛스즈브*’입니다.

'살라맛스즈브'(Саламатсызбы)는 키르기스스탄어로 '안녕하세요'라는 뜻의 대표
적인 인사말이며, 주로 상대방의 안부를 묻거나 반갑게 맞이할 때 사용된다.

크리스천이 살아가는 땅 '크리스탄'
생소한 단어입니다.

이 단어 이면에는
하나님의 창조의 은혜가 있습니다.

하나님께서 지으신 '스탄'
그 주인은 하나님이십니다.

'스탄'의 아침은
매일 동일하게
주님의 계획하심에 따라
보는 우리에게
새롭고 놀라움으로
찾아옵니다.

놀라운 주님의 작품의 세계로
우리를 초대합니다.
그 초대에 머뭇거리지 마세요!
모든 땅이 주님의 것입니다.

계절마다 우리가 생각한 그 이상의 아름다움을 주님께서 만들어 놓으셨습니다.

그분을 인정할 수밖에 없는 아름다움이 모습을 드러냅니다.

서로서로 나눕니다.
꿀을 먹여주며,
조화로움을 표현하며

아름다움을 넘어
더 아름다움이
합하여

절대 음감이 있다면, 절대 색감도 있습니다.

살아가려고

땅만 보고 허덕이다가

고개를 들어보니

창조주 하나님의 만지심이 있습니다.

복잡한 도시를 떠나고 싶을 때 고개를 들어봅니다.

그곳에는 특별한 축복이 있습니다.

우리의 영혼을
소생시키는

아름다운
마무리를 위해서
붉은 옷을
입히셨습니다.

너희는
가만히 있어
주가
하나님 됨을
알지어다

아버지의
마음으로

우리를

다양한 모양으로

부르셨고

깨끗하게 하십니다.

초록 바탕에
붉은 점
그 안에
검은 글씨

내가 너를 아노라!

믿음의 소유자들만이 아는
특별한 은혜가 있습니다.

무슨 일이든 어떤 상황 가운데서도
하나님의 멋짐을 잊지 않습니다.

그 은혜를 통하여
'쉐데브르(шедевр)*'
걸작품을 만들어 내십니다.

쉐데브르(шедевр)는 러시아어로 '걸작' 또는 '명작'을 뜻하는 단어이다.

'알렉산드리아'

첫 열정을
잃어버린 그 곳에도
여전히
새 역사가 일어나길
소망하는 태양이
붉게 물들고 있습니다.

지금은 때가 아닐지라도,
인내하며 준비합니다.

다가올 밀물

다시 깊은 곳으로 나아가
많은 영혼을 낚을 때가 올 것입니다.

어렵습니다.

나의 본 모습이 아니라서요.


하지만 구원의 은혜가 있기에

내 평생에 주를 찬양하며

내 맡은 일을 다하고 싶습니다.

믿음의 전통을 이어

그 분의 오심을

기대합니다.

예수님의
죽으심과 부활하심으로
새생명이 주어진 나에게
죽음이란
본래의 의미는 사라지고
영원한 생명을 약속하신
주님의 은혜에 감사합니다.

은과 금은

내게

없으나

복음의 본질을 놓치면
온전하게
설 수 없습니다.

복음의 중심은
십자가입니다.

주님은 늘
우리에게
최고만
제공해 주십니다.

그 분이
값없이 주셨어요!

넘치는 사랑을

가득 담아

하나님의
시선으로

삶의 무게에 눌려
도저히
어떻게 살아가야 할지
알 수 없을 때

잊지 마세요.

늘 그분이
우리를
보고 계시고
보호해 주십니다!

어둠이 아무리 압도적이어도,
우리가 섬기는 하나님은
그 어둠보다 더 위에 계시며,
반드시 그분의 영광이
우리의 삶의 현장과 교회 위에 나타납니다.

그 분의 시선으로 바라볼 수 있다면
모든 것이 새롭게 보일 것입니다.

창조주의 작품과
어울리기란
정말 쉽지 않습니다.

그래도 주님께서는
잘했다
칭찬해 주십니다.

우리의 일상을
온전히 주님께 맡깁시다.
그리고
그분의 일하심에
감격하고 감사하며
보람찬 하루를
마무리합시다.

환도뼈가 부러지는
고통이 오더라도

하나님의 축복을
포기하지 맙시다.

아름답고 조화로운 하나님의 세계는

구분하심이 있기에

아름다움이 더욱 아름답습니다.

내 모습 이대로

내 모습
다하는 그날까지

복음의 향기
발하리라!

어린아이의 간절함과 순수함이 만나
기도의 응답을 만납니다.

진리를 듣게 될 복된 걸음

우리의 인생이
이 땅에서
영원하지 않지만

그 찰나에
사명을
다하렵니다.

품 안으로
품어 주소서

그분의 위대함 앞에
가끔은 무장해제합니다.

이러므로
내 평생에

잊을 수 없는
아름다움을 남깁니다.

비슷해 보이지만
그 분은 우리를
너무나도 세밀히
잘 알고 계십니다.

부르심에 고민하지 마시고,

인도하심을 마음껏 즐기고 느끼세요.

발길질로 그려봅니다.
몸짓으로 살아봅니다.

그분 이야기에
온몸이 얼어붙었습니다.
내 평생 살아온 길이
그분을 만나기 위함이었습니다.

늦지 않아서 천만다행입니다.

변함없이
하루가 시작될 때
오늘 하루도
주님이 주신 힘으로
힘차게 날아오릅니다.

그분과 연결되어
흔들 흔들


그분이 말씀하실 때
흔들흔들

긴 어둠을 지나
새 아침을 맞이하는 여명,
다시 또
다짐합니다.

내 모습 이대로
날 받으옵소서!

때로는
안개 속을 걷는 것 같지만,
하나님은
여전히 우리를 지키시기에,
주시는 은혜로
헤쳐 나갑니다.

우리의 삶을 통해 하나님의 영광이
온전히 반영되어지길 소망합니다.

쉼을
주저하며,
미안해 하지 마세요!

그분 안에서의 쉼은
세상이 주는 그 무엇과도
바꿀 수 없습니다.

답게

프로보다는
아마추어로 살아갑니다.

서툴지만
존재감은 올라갑니다.
무거움이 사라집니다.
가볍습니다.

그분 안에서
주님 만나는 그날까지
나는 아마추어입니다.

겉으로 드러나는 화려함은 없지만,
세월이 빚어낸 따뜻한 미소와
연륜이 보이는 이 분은
'불가촉천민'입니다.


우리는 지금의 현실에
어떤 표정으로 살아가며,
어떤 모습으로 기억될까요?

가느다란 내 마음에
가끔씩 은혜가 덧입혀지면
그 찰나에도 만족합니다.

달콤한 아브라함과 베드로

날마다 새롭게 날아오름이 은혜입니다.

주신 은혜대로 살아갑니다

편리함은
잊은지 오래되었습니다.

불편함이 주는
그 무엇 너머에는
그분의 흔적이 있습니다.

우리는

어떤 기억으로

남아 있을까요?

우리의 다짐

마음껏 손을 들고 노래합니다.

나를 만드신 그분의 이름을

두 손 높여 올려드립니다.

본토, 친척, 아비 집을 떠나
내가 네게 지시한 '스탄'으로
떠난 지 30년!

다짐합니다.
주의 이름으로
내 손 들리라!

내가 나설 때가 되었습니다.
만물의 주인 되신
주님의 이름을
높여 올리기 위해서

부르신 이도 하나님,
자라게 하신 이도 하나님,

설령 그 누구도
보지 않아도,

그 자리에서
위풍당당하게

말이 많으면
망아지!


말씀 안에 살면
흥아지!

빛으로
사랑으로

마지막까지
그분의
따뜻함을 느끼며

어떤 시련이 와도
주님과 함께
갈 것입니다.

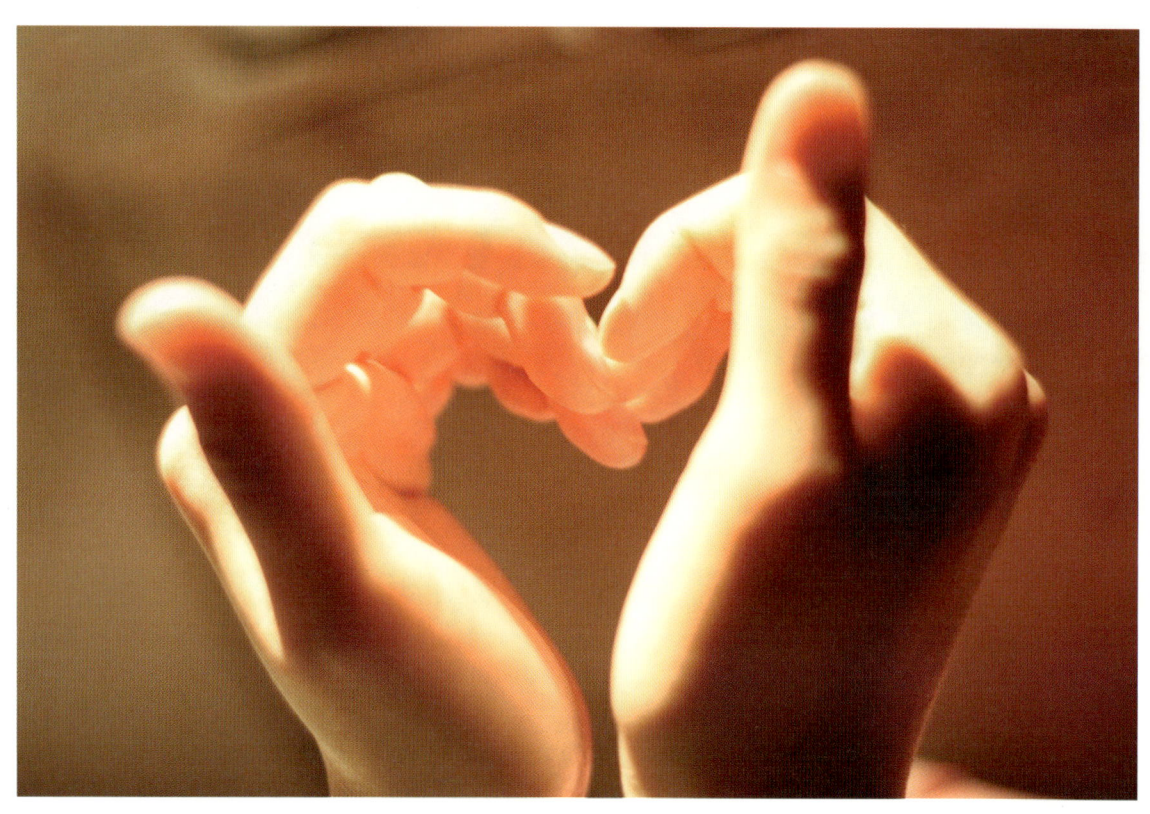

쉽게 만들 수는 있지만
쉬운 사랑은 없습니다.

흐르는
물빛을 바라보며
물가에 태어난 것에
감사합니다.

잠시 나타나는
불빛 사랑은
쉽게 사라지며 변화되어도

우리는
사라지지 않고
변하지 않는
영원한 사랑 안에
거합니다.

우리는
하늘의 별처럼
영원하지 않지만

아주 짧은 시간
하늘의 별처럼
빛을 발합니다.

사랑을 쓰려거든
빛으로 쓰세요.


그 사랑을 체험한 자만이
그 사랑을 그려낼 수 있습니다.

우리를
세상의 빛과 소금으로
부르셨습니다.

부르신 그곳이
생각하지도 못한 곳일지라도
그곳에서
우리의 본분을 다 할 수 있을까요?

우리는
잠시 나타난
눈꽃 사랑에 감격합니다.

그러나
우리에게도
녹지 않는
영원한 사랑을 주셨습니다.

어두운 세상에서
빛 가운데로 나아가리!

복음의 빛을 발하는
등대와 같은 존재로서.

보혈의 사랑이

최고의 아름다움입니다.

포기할 수 없는

아무리 주변이 좋아 보이고 아름다워도

주님과의 관계가 끊어진다면

그 아름다움은 잠시 이 땅에서뿐임을 기억합시다.

곧 어두움이 몰려와
두려울지 모르지만

그분이 우리와
함께 하고 있음을
알고 있습니다.

가장 귀한 것을
지키기 위해서는
많은 것을
내려 놓아야 할 수도
있습니다.

다가가고 싶습니다.

힘이 필요합니다.

어떠한
환경일지라도
우리의 나아갈 길을
인도하시는
인도자가 있습니다.

부르짖음과 간절함에 몸부림쳐
기도가 상달되길 원하나이다.

그 날이 가까움을 알기에
어떤 시련이 와도
더욱 열심히 모여
함께 나아갑니다.

든든한 말씀이 있기에
기나긴 인생의 터널 너머로
나아갈 수 있습니다.

위에서 이루어지는 일을 볼 수 없어도
우리는 믿음의 눈으로 바라봅니다.

전력 행복

나의 전부

오랜 전부터 든든히 지키고 있습니다.

낭만 선교

주님이 만드신 자연에
가끔씩 팔베개하고
지그시 눈을 감고
흥얼거려봅니다.

주님의 높고 위대하심을
내 영혼이 찬양하네!

때로는
혼자일 때보다
둘이 좋습니다.
조화로움으로 인해
모든 것이 증폭됩니다.

하나님의 주권 아래,
그리스도의 제자의 삶인
섬김의 자세로 살아갑시다.

주의 길을 가는 것

역시

함께 하는 것이

더욱 신나지 않을까요?

우리의 인생에

그 땅에서의

'카이로스'

가장 값진 것입니다.

기쁨과 즐거움으로

함께 달려가는

우리의 모습을 통해

기뻐하실 주님께

감사와 찬양을 올려드립니다.

온 힘과 요령을 다하여도
우리는 그분에게
다가갈 수 없습니다.

힘이나 요령이
필요한 것이 아니라,

은혜와 믿음이
필요합니다.

더듬이를 세워서
뛰어봅니다.

주님을 더 가까이
느낄 수 있다면요.

예수님께서
우리에게
무임승차권을
주셨습니다.

포기하는 마음이 생기는 순간
절대로 다가갈 수 없습니다.


비록 불가능해 보여도
우리는 소망을 먹고 살기에
희망을 놓지 않습니다.

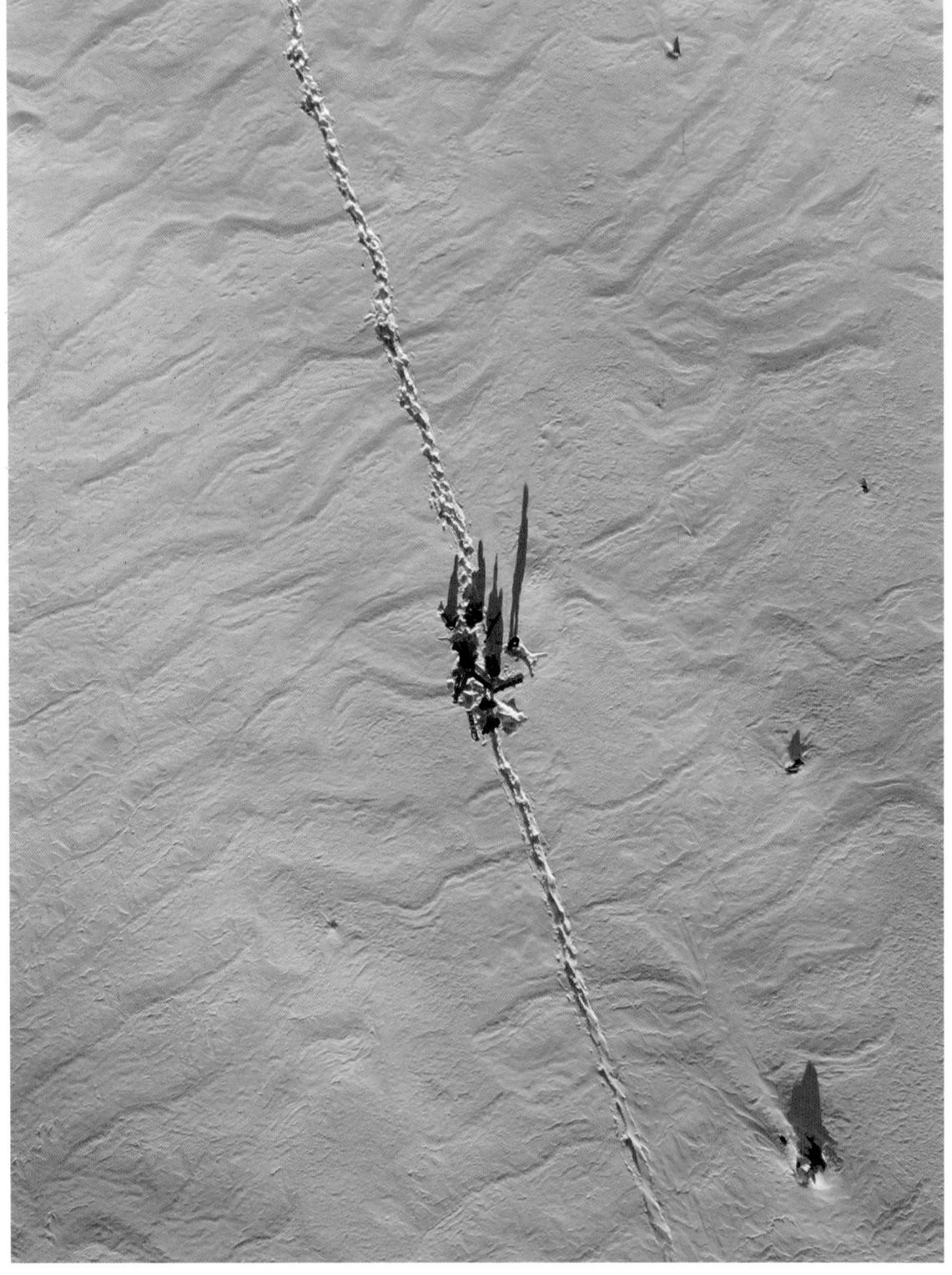

하나님의 자녀로 사는 삶은
이 땅에서 가장 큰 축복입니다.


주신 환경 가운데
마음껏 그분을 새겨봅니다.

하루가 끝나가는 순간
초승달이
새로운 시작과 희망을
알립니다.

순종의 걸음이
다다른 곳에서

하나님의 통치 아래에서
순종의 걸음은
그 길이
 아무리 험난할지라도
그 무엇도
우리의 발걸음을
막을 수는 없습니다.

굽이굽이
보이지 않는
그 길을 가다 보면
우리가
꿈꾸며 소망했던
은혜를
눈으로 볼 수 있을 것입니다.

주님의 긍휼과 사랑을 가지고 다가갑니다.

내 어린 양을 먹이라!

주님의 사랑을 함께 나눕니다.

내 양을 치라!

예수님의 사랑이면 됩니다!

내 양을 먹이라!

사진 에세이 준비는 지난날을 되돌아보는 소중한 시간이었다.

"주님이 함께하셨습니다"라고 말로만 하는 것이 아니라, 고향을 떠난 31년의 세월 속에서 아주 작은 부분까지 그분이 인도하셨다는 것을 다시 한번 경험했다.

지금 여기까지 오게 하신 그분의 손길을 확인하는 복된 시간이었다.

사진 에세이를 준비하며 이런 생각이 들었다.

아마추어인 나도 하였으니, 누구라도 할 수 있겠다고. 이 사진 에세이집을 보는 분들도 지나온 시간을 회상하며 한번 도전해 보라고 권하고 싶다.

도전하는 과정에서 주시는 그 은혜가 정말 행복했다.

나 자신에게도 다짐했다. 이번으로 멈추지 말자. 날마다의 삶을 감사하며, 기억하여 그분의 사랑과 은혜를 나누자.

세상의 많은 것들이 좋게 보이지만 대부분 유효기간이 있다.

그 유효기간은 취향이 바뀌고, 유행이 지나가면 쉽게 잊혀진다.

하지만 우리에게는 변하지 않는 것이 있다.

하나님의 말씀 안에서 변하지 않는 하나님의 약속을 가슴에 새기며 우리가 꿈꾸는 하나님 나라가 오길 간절히 소망한다.

유행이 지나서 잊혀지는 하나님 나라 선교가 아니라, 그 길을 가기 위해서 더 많이 일어나는 선교를 꿈꾼다.

세상의 것보다 더 열심히 준비하고, 날마다 주님으로 인하여 기뻐하며 행복하게 살아가고 싶다.

각자의 삶의 현장에서 아름다운 기억들을 남기고, 함께 나누는 축복이 더 많이 일어나 우리를 통하여 생명이 살아나길 소망한다.